시집과 떡볶이

장은숙 시집

시집과 떡볶이

달아실시선
104

달아실

보조 용언과 합성 명사의 띄어쓰기 등 본문의 맞춤법은 시인의 의도에 따른 것임.

시인의 말

6년 만에 당신의 안부를 궁금해하다가
나의 안부를 묻습니다
상처는 하나 더 늘었지만
마음에도 근육이 생겨 덜 아픕니다

당신도 그랬으면 합니다

2025년 11월 춘천에서
장은숙

차례

시집과 떡볶이

시인의 말   5

1부

가문비나무   12
소양 1교를 지나며   13
서우暑雨   14
대필   16
장 담그는 날   18
상금리 느티나무 확성기   19
망종亡終   20
십 원 빵   21
꽃샘추위   22
꽃다지   23
드라마 보는 남자   24
대설   26
우리 집 달팽이   27
옥기 여사   28

2부

김유정역驛 32
시집과 떡볶이 34
봄날에 미친년 36
민들레 꽃씨 38
반계리 은행나무 40
만석장 Miss 홍 41
서두序頭 42
밤꽃 44
빈집 46
지천명知天命 48
납매臘梅 49
늦게 쓰는 심사평 50
줄초상 52
반성문 54

3부

똥꼬난로 56
봉의산 가는 길 58
반숙 60
시가 마눌처럼 만만하리 62
불량 감자 64
시인의 탄생 67
움파 68
사암리를 지나며 69
자동차정비소 담 밑에 버려진 의자에 부쳐 70
장궤틀 72
나의 군인 아저씨 74
밤눈 75
토끼집이 있던 자리 76

4부

명자꽃	78
순두부	80
눈 내린 소양정에 올라 — 남원에는 춘향이 춘천에는 전계심	81
누수	82
삼월에 내리는 눈	84
배춧국	86
은혼銀婚	87
장 씨 귀거래사	88
능소화 피어나는 집	90
발인發靷	91
땅콩심경心經	92
마늘밭 끝에 늙은 벚나무 한 그루	94
푼주	95

발문 _ 저수지가 깊으면 몽리면적 또한 넓어지리라 • 박제영   96

1부

술병처럼 비워가는 이 남자의 끝은

뻔한 해피엔딩이 아니라

열린 결말이길

가문비나무

붉은 달이 천왕성 가릴 때
다시 보자 약속하고
나무비녀 깎아 머리에 꽂아주고 떠난
사내가 있었네

마애리 나루터 주막에서
허드렛일할 적이네

아비의 노름빚에 묶여
그 사내 따라 야반도주 못 한 것이
전생 한이었네

다시 만나면
매일 곳 없는 바람처럼 오일장 떠돌며

그 사내 나무 비녀 깎아 판 돈으로
흥청망청 사랑이나 하며
한생을 탕진해도 좋겠네

소양 1교를 지나며

아랫목처럼 식어가는 술자리
털어내는 녹우 선생님
방향이 같아 차 얻어 탔는데
통금 마지노선이 열두 시라 해서
호박마차 몰고 가는 거냐고
썰렁한 농 던졌더니

부모님 방에 연탄불 갈 시간이라고

마침 6·25 전쟁통에 총탄 맞은 자리가
곰보 자국처럼 파인 늙은 다리 지나는데

아버지 무릎뼈 닳는 소리 같기도 하고
어머니 틀니 부딪히는 소리 같기도 한 것이
수심 깊은 곳에서 울렸다

아픈 다리를 주무르며 흘러가는
밤강물 소리려니 했다

서우暑雨

우두두두 소나기가 쏟아진다

점심 먹는 아이 앞으로
고기반찬처럼 빗소리를 밀어준다

가뭄에 단비로 찾아온 아이는
어느새 비의 비밀을 간직한 열넷

학교 화단에 심어놓은 옥수수처럼
여름비에 쑥쑥 자란 아이
언젠가는 무지개 찾아 떠나겠지

묵정밭 같은 집에서 나는
비를 기다리듯 오지 않는 아이를 기다리며
옥수숫대처럼 말라가겠지

텅 빈 몸에 바람이 들어 비를 부르면
아이는 고단한 몸으로 비를 몰고 돌아오겠지

젖은 신발을 벗어놓고 내 앞에
고기반찬을 빗소리처럼 밀어주겠지
그리고 묻겠지

어머니는 죽으면 어디로 가나요

세상 빗물이 모이는 곳으로 가겠지

뚝뚝 떨어지는 아이의 눈물을
눈으로 닦아주겠지
밤새 빈 양동이처럼 받아주겠지

젖은 신발을 볕에 널어주고 떠나겠지

아이의 손을 빌려 빗방울처럼 튀어 오르는
아프지 않은 날도 오겠지

아이의 옥수수밭에 여름비로 내리는
슬프지 않은 생도 있겠지

대필

서리태 심던 봄에 초고 잡은 시
여름내 굴리며 다녔다

콩 베는 가을에 묶어
물기 마르게 밀쳐두었다

도둑눈 내리는 겨울밤
다시 펼쳐놓고
여물지 않은 문장 골라내느라
콩알처럼 말라간다

시 바가지 마당에 쏟아버리고

어느 봄날 마루에 엎드려
군대 간 막내아들에게 보내는
무실댁 할머니 편지 받아쓴 것처럼
바람이 세상 오가며 설렁설렁 불러주는 대로
받아적기로 한다

받침 하나 빼먹고 가는 길에
빗물이 지운 글자도
그 삼촌은 다 알아듣고

할머니네 화단에 목단 같은
눈물꽃 핀 답장 보내왔다

장 담그는 날

운다고 밖으로 흐르고
웃는다고 봄날 송홧가루처럼 날리겠는가

눈물로 씻고
웃음으로 닦으며

볕 좋은 날 장독 뚜껑 열어놓듯
빗장뼈 열어 젖은 마음 말리고
세월을 걷어내면

장꽃처럼 하얗게 꽃 피는 날 지나
짜디짠 눈물에 단맛 돌면

말간 간장독에 달과 함께
내 얼굴 한번 비춰보고

장 가르듯 삶과 죽음 나누며
빈 항아리처럼 고요해지리

상금리 느티나무 확성기

"읍내 나가면 장도 많고 여관도 많은디
우리 집 보리밭은 뭣 땜시 뭉개부럿당가"

산발치 밭에 참깨가 까르르 쏟아지니
안 골짝 과수원에 사과가 빨갛게 얼굴 붉힌다

점잖은 박 영감네 배는 연신 헛기침하고
노총각 재수네 감나무는 애먼 홍시 던지고
담장 넘어가는 늙은 호박은 이파리 펼쳐
애동호박 귀를 막는데

과부댁 뒤란에 석류는 저 혼자 몸을 쪼갠다

망종亡終

컵에 밥주걱이 끼여 빠지지 않았다
세제 발라 어르고 달래도
꽉 다문 힘 풀지 않았다
컵을 깨고 주걱이라도 살릴까 하다가
선물한 이의 마음이 걸려
해 넘기고 있었는데

느닷없는 그이의 부고 받고
상가에 다녀온 날
저녁 설거지하며
밥주걱을 건드려보니
맥없이 빠지는 것이 아닌가

한 사람 세상 들고 난 자리 그런 것인지
이 악물며 살다 떠난 자리 헐거워졌다

십 원 빵

우리 때는 경주 하면 천년고찰 불국사였는데
요즘은 황리단길 십 원 빵집이란다
십 원짜리 모양 틀에서 나온
갓 구운 빵 들고 인증 샷을 남겨야
경주에 다녀온 것이라니

사월 초파일 반짝하고 나면
우란분절 연등 장사도 예전 같지 않고
불국사 부처님도 시름 깊었는지
흙먼지 날리는 대웅전 마당에
사골처럼 우려먹은 석가탑 다보탑 내다보며
주판알 퉁겨보고는
그만하면 남는 장사였는지
올봄부터는 입장료도 받지 않는다지만

천년만년 똑같은 염불만 하고 있으면
부처님도 십 원짜리에 밀린다

꽃샘추위

먹고 자고 싸는 것밖에 없는
늦둥이 동생
잘 익은 황금똥 한 무더기에도

-우쭈쭈 우리 똥강아지
-우쭈쭈 우리 똥강아지

대들보까지 들썩이는데

식은밥처럼 밀쳐진 여덟 살 뚱이
새알심 같은 눈물 떨구며

-엄마는 똥개예요?

이르게 핀 마당에 박태기꽃이
까르르 쏟아진다

꽃다지

얼굴 한번 보러
내려왔다가

어린 딸 소꿉놀이에
꽃반찬으로 오른 어미

드라마 보는 남자

TV 앞에 막걸리 한 병 헐어놓고 있는 남편

세트장 같은 작은 집에서
소품처럼 보글거리는 찌개 끓여놓고
눈 맞추며 꿀 떨어지던 장면 우리도 있었지

신혼 때는 낯 뜨거운 애드립도 잘 치던 그는
어느 날부터 피곤하다는 발 연기를 하고
한번은 리얼하게 밥 좀 먹자 하더니
극기야 남자 주인공처럼 소리를 질렀는데
회를 거듭하며 일상에 소통마저 결방되고
이제는 대본 속에 〈지나가는 사람 1〉
〈지나가는 사람 2〉처럼 살지만
어느새 우리의 드라마도
갈등 지나 연민으로 흐르고
멀리서도 클로즈업close-up 되는
신김치 한 접시 놓인 술상이
우리 사는 것처럼 쓸쓸해 보여
한 개 남은 애호박 말없이 부치는 동안

기억 잃어가던 여주인공에
절절한 눈물 연기가 절정에 치닫자

몰래 주먹만 한 눈물 술에 말아 삼키는 남편

술병처럼 비워가는 이 남자의 끝은
뻔한 해피엔딩이 아니라 열린 결말이길

대설

풍물시장 노상에
겹겹이 옷 포개 입은 배추 한 포기
보자기만 한 좌판 펼쳐놓고
하늘 향해 흥정 넣는다

얼다가 녹다가 빙점 오르내린 세월

삶은 늘 한뎃잠 자는 것처럼
꿈속에도 서리 내리고
아무리 껴입어도
뿌리까지 한기 돌았으니
가을에 찧은 하얀 햅쌀 한 됫박은
오늘 사 가야겠다고

소금처럼 쳐대는 눈발 맞서며
지푸라기 허리끈 질끈 동여맨다

우리 집 달팽이

운동회 때 달리기하면 나는 늘 꼴찌였다
친구들처럼 열심히 뛰지 않은 것도 아니었다
내 안에서는 심장이 터질 것 같은 출력으로
하늘을 날아가는 마하mach의 속도였다

말이 늦은 아이 때문에 속앓이했는데
때가 되니 목련 봉우리처럼 말문이 터졌다

천성은 변하지 않아 커서도
앞에서 길 터주고 뒤에서 경적 울려도
제 속도를 지킨다

내일이 기말고사 첫날인데 반신욕하며
느긋하게 더듬이 세우고 있는 아이
욕실 문 앞에서 급브레이크 밟은 내 안에
시커먼 스키드마크가 그어지는데

그럼에도,
달팽이는 오늘도 빛의 속도로 가고 있겠지

옥기 여사

 무너져 가는 빈집 서까래처럼 옥기 여사의 목소리가 내려앉았다

 달포 전까지만 해도 논물 보러 간 사이 마루에 노각 두 개 놓고 간 양산댁의 부고가 날아들었기 때문인데, 그도 그럴 것이 작은아들이 함께 모시고 철철이 관광 다녔던 사돈은 올 초에 치매로 요양원 들어가고, 서울에서 조카들이 벌초하러 내려와도 집에서 뜨신 밥 한 끼 안 차려주고 억척스럽게 일만 하던 올케는 자두 농사 다 지어놓고 머리 핏줄 터져 산 송장처럼 누워 있는 지도 한 달째, 들려오는 소식이 죄다 그 모양이다

 손바닥만 한 논농사 지어 자식들에게 쌀 대주고, 밭농사 지어 고춧가루 참기름 양념 올려보내고, 틈틈이 품 팔아 한 푼 두 푼 모은 돈으로 손주 대학 입학금 내주며 아직도 현역에서 돈 버는 할매로 자존심 꼿꼿하게 살고 있는데, 한 번씩 골다공증처럼 숭숭 뚫린 어미 마음에 바람이 들면, 멀리 시집와 가보지도 못하는 딸은 애가 탄다

화투라도 치러 가시라 하니, 그렇지 않아도 젊은것들과 어울려야 덜 늙는다고 해서 물 좋은 윗동네로 원정 갔더니 젊은것들은 다르더란다, 화투 치러 오면서도 오만 가지 멋을 다 부리고 온단다, 그 젊은것들은 몇 살이냐 물으니 일흔 살이란다, 그래서 경로우대 공짜 버스 타고 젊은 시절 누볐던 대구 서문시장에 옷 사러 갔더니 마음에 드는 것이 없어 국수만 한 그릇 먹고 왔단다

왜 마음에 드는 것이 없었겠는가, 옷이 마음에 들면 옷값이 비싸고 옷값이 마음에 들면 촌할매여도 은근 까탈스러운 눈에 차지 않았겠지, 전화를 끊고 돌아누워도 딸은 밤새 그쪽이 시리다

다음날 일찍 마수도 않은 옷 가게 찾아가서 어릴 적에 친구에게 기죽지 말라고 읍내 나가 뽕소매 원피스 사주었던 옥기 여사처럼, 젊은것들한테 밀리지 말라고, 왕꽃가라 중꽃가라 잔잔바리 꽃가라 블라우스에 바지까지 세트로 맞춰 택배를 보냈다, 구멍 난 마음에 땜질이라도 하라고

택배 도착할 때가 지났는데도 연락이 없어 저녁 먹고 딸이 전화를 넣으니 저 너머로 쫙! 쫙! 화투패 붙는 소리가 여름 소낙비처럼 들린다

2부

열 달을 내 속에서
피와 살로 퇴고하여 낳은 詩가
저희 두 놈이라는 것쯤은 읽어내겠지

김유정역驛

스물아홉,
봄 미나리 같은 새파란 모가지 꺾어간 병은
알약 서너 개로 다스리는 세상 오고

각혈 찍어 써 내려간 원고지는
겨울 견딘 생강나무처럼 환하게 꽃 피우는데

마음에 든 신열은 여전히 차도 없어
오뉴월에도 갈비뼈 주저앉게 기침 나고
먹어도 살 오르지 않는다

살아서 손 한 번 잡아보지 못한 그 사람
이제라도 찾아오려나

제 이름으로 탑塔 쌓고
오늘도 마지막 열차를 기다린다

쿨럭! 쿨럭!

* 김유정이 짝사랑한 박녹주의 회고록 중에 '손이라도 한번 잡아보게 해 줄 것을'에서 차용.

시집과 떡볶이

첫 시집 내고 큰놈에게 사인해주며
사후 이 시집의 저작권을 남긴다고
장난스럽게 써주었는데
그것을 본 작은놈이 무명의 시집을 두고
몽니를 부리는 바람에
형제의 난이 일어날 뻔했다

수습의 방법으로 두 놈이 좋아하는
엄마표 떡볶이 양념의 황금비율과
금방 만들어도 양념이 흐르지 않고
떡에 착착 감기는 비법은
작은놈에게 남기기로 했다

둘 다 돈이 될 것 같지는 않지만
그런 날이 오면

떡볶이처럼 매운 세상살이에 눈물 콧물 쏟아내다가
조갯살에 박힌 모래알처럼 열 달을 내 속에서
피와 살로 퇴고하여 낳은 詩가

저희 두 놈이라는 것쯤은 읽어내겠지

봄날에 미친년

온 동네 꽃봉오리 깨고 다니던
봄바람이 풍구질했다

남편은 못 바꾸니 집이라도 한번 바꿔보라고

사방 길이 통하는 열십자 자리에
정남향 이 집에 이사 와서
두루마리 휴지처럼 바깥일 풀어지고
살림도 거품처럼 일었는데

대문에 걸어둔 귀가 팔랑거렸다

상가 부동산에 문의하며 말꼬리 자르는 옹대에
한마디 받아친 것이 언짢기도 했으리라

손전화기 내려놓는데
미처 꺼지지 않은 저 너머에서

아, 꽃 떨어지는 소리

미친년!

민들레 꽃씨

비 오기 전에 깨순 솎아야 한다며
다시 바람길 밟으며 가셨다

닭갈비 사드리고
삼악산 케이블카 태워드리고
용돈 몇 푼 가방에 찔러드렸다

그 틈으로 한기가 스며 한 사흘 앓았다

엄마 손잡고 집으로 가고 싶었다

어느 봄날 바람에 실려 와
피붙이 한 명 없는 춘천에 솥단지 걸고
알감자 같은 아이 낳고 살아도
나는 아직도 집으로 돌아가고 싶다

따뜻했던 기억보다 불행했던 추억이
덧발라놓은 꽃무늬 벽지처럼 더께 앉은
그 집으로 돌아가고 싶다

긴 여행 마치고 온 것처럼
벌겋게 녹꽃 핀 대문을 밀고 들어가
엄마의 간간한 반찬 펼쳐놓고
집 떠나 서러웠던 이야기 일러바치며

묵은 허기를 채우고 싶다

반계리 은행나무

방울 흔들어 서풍을 불러와

후두두 후두두 후두두두

뱀비늘 같은 이파리 떨구며
사랑 점치고 있는 늙은 은행나무

강원도 문막 더 들어가서 반계리
팔백 년 전생 수소문해 찾아가니
내 발소리 알아듣고
배로 붉은 부적을 그리며 나오는
백사 한 마리

이번 생을 다해 돌려세워도
꽃으로 흔들고
달빛으로 불러내어
내 안에 작두 타는 몸주

당신이라는 슬픈 전설

만석장 Miss 홍

아파트 공사판 따라 흘러들어와
여름부터 달방 사는 202호 총각

주차장 홍단풍 옆에서
담배 연기 날리는 옆 모습이
영화 간판 찢고 나온 것 같더니

담뱃불만 붙인 게 아니었네

사는 것이 마른 갈퀴처럼 버석거려도
무심히 던진 꽁초 불에도 화르르
마음이 옮겨붙기도 하지

계절처럼 변하는 허망한 사람을 품고
혼자 핫핫해 벌겋게 타오르는 가을

서두序頭

여고 때, 잡지 펜팔 면에 이름 올린 적 있는데
가을날 쏟아지는 은행잎처럼 날아들던 편지들

합평 날 시詩 없으면 편지라도 써 오라고 해서
강둑으로 나가 만년필에 잉크 채우듯
강물을 퍼다 가슴 채우고
시월의 쪽빛 하늘 펼쳐놓고 있으니

어느새 그리움은 노을 되어 붉게 번져가고

이번에는 꼭! 답장 받아 가겠다고
목덜미 간질이며 재촉하던 바람은
어스레 기어드는 땅거미 보고
이번 생도 틀렸다며
침 발라놓은 홍단풍 우표 한 장
발밑에 떨구고 가버리는데

당신을 부르는 첫 줄은

여전히
막막하고 외롭다

밤꽃

 고만고만한 삼 남매 영감님께 맡겨두고, 식모살이해 모은 백만 원으로 집 사서 왔을 때는, 입구에 대추나무 한 그루만 휑하니 서 있더란다

 이사 온 다음 날 아침밥 하러 나가니, 대추나무 밑에 구렁이 한 마리가 똬리 틀고 있어, 삼 일을 정화수 떠놓고 비손했더니 터 내주고 사라졌단다

 그해 가을은 유난히 대추가 많이 달려, 대추 털어 한약방에 내다 판 돈 보태 집으로 들어오는 액운 다 막아준다는 사자 문고리 달린 파란 대문 해 달았단다

 이듬해 봄에 고사리 꺾으러 뒷산에 올랐다가 큰아들 키만 한 밤나무가 보여 캐 와서는 뒤란에서 삼 년 키워 대추나무 옆에 내다 심었단다

 그사이 영감님은 술병이 들어 얼굴이 똥독 오른 것처럼 노래지고 배가 산달처럼 불러와 큰 병원에 가니, 이미 간이 다 녹아 손도 못 쓰고 모시고 왔는데, 다음 날 점심때

쯤 마당에 개가 끙끙거려 방문 열어봤더니, 아침에 넣어
준 콩죽 윗목에 밀어두고 혼자 세상 뜨셨더란다

 자식들은 아비도 없이 강냉이밥만 먹고도 쑥쑥 자라,
이장 아들도 떨어진 춘천고등학교에 큰아들이 호박엿처
럼 단박에 붙었단다

 큰아들이 끄는 자전거에 밤 자루 싣고 십 리 길 걸어 장
에 내다 판 돈으로 새 교복 사 입혀 오던 그날이 아직도
달밤처럼 환하시다며

 파란 대문집 할머니는 오늘도 밤나무 그늘에 나앉아 남
은 명을 물레질하고 있다

빈집

당신도 붉었네
몸살 앓는 봄이었네
살냄새 난분분한 꽃이었네

당신은 서랍 속에 손목시계 풀어놓고 떠났네
가을걷이 끝난 들판에서 흙먼지 털 듯
세상을 털어버리고 시간 밖으로 나가버렸네

늙은 항아리에 장맛도 주인 따라갔네

당신의 삼십 년 지기 군자란은
올봄에도 꽃 피웠네
잎맥에 새기며 간 길
점자처럼 더듬으며 돌아왔네

마당을 건너온 바람이
지난겨울에 비보 전하네

흰 뿌리 들썩이며 씨방에 눈물 고이네

당신도 꽃처럼 갔던 길 되짚어
돌아오면 좋겠네

알전구처럼 빨갛게 집을 밝히며
다시 피었으면 좋겠네

지천명知天命

붕어빵에는
붕어만 없는 것이 아니라는 사실을 깨닫는 나이

납매臘梅

섣달그믐 밤
연탄불 꺼진 골방에서

혼자 앓다가 핀 것은

나
였
구
나

늦게 쓰는 심사평

모 청소년 백일장 심사 볼 때다
대상을 두고 심사자들끼리 서로 날 세우는데
답 없는 삶처럼 답 없는 시詩
그 와중에 나는 다른 생각을 하고 있었다

그날의 시제 중 하나였던 기술이라는 제목으로
"나는 나를 두들기는 대장장이"
라고 첫 줄을 일갈하고
문장은 덜 영글었지만
자신을 정련해가는 이야기를 쓴 아이가
눈에 띄지 못하는 것이 안타까웠다

늦게나마 그 아이를
무명의 내 시詩에 불러내는 것은
K 선생님이 내 일기장에 써놓은 한 줄,
그 붉은 주문의 힘을 믿기 때문이다

부디, 시詩 때문에 아프지 말고
시詩 안에 시인詩人 안에 시집詩集 안에 갇히지 말며

행과 행 사이 연과 연 사이에 생의 고랑을 파는
시詩를 살아가는 사람이 되었으면 한다

첫 줄에 좋은 시인이 될 자질을 내가 믿은 것처럼
산책길 팥배나무 잎에 초고 잡은 이 시詩를
어느 오지랖 넓은 새가 물어다
그 아이 창문 앞에서 명랑하게 읽어줄 것도 믿는다

줄초상

머리채 잡혀 뽑히고
시퍼런 잎사귀 생짜로 잘려도
이 겨울 자루 속에서 다시
파랗게 싹 내는 무

지병으로 발꿈치에 콩알만 한 상처 곪아
두 다리 잃고 허방 짚고 살던 아버지
응급실 모셔 가며 더 살고 싶냐고 물으니
남은 생을 다해 머리 끄덕였다

징하게도 잡고 있던 목숨줄 놓지 않아
가산 떨어 칠순까지 잘 이어갔는데
치매 노모 장사葬事 지내고 오 일 만에

툭,
그 줄 놓았다

살아야 할 곡절 저도 있겠지 싶어
국 끓이려고 내놓은 무 윗동 잘라

물에 담가둔다

반성문

짧은 봄,
해마다 다녀가도

꽃만 보았네

감은 눈에는 꽃만 보였네

3부

그 앞에 느티나무처럼 주저앉아
한 오백 년 늙어버렸다

똥꼬난로*

배내똥 한 무더기로
세상에 영역 표시해놓고
저잣거리로 나가 똥지게 지고
똥줄 타게 뛰어다녀도
누런 황금똥 한 무더기 못 싸고
일생 헛방귀만 뀌다가
하늘을 향해 팔뚝질하듯
이승똥 한 무더기 싸지르면
막 내리는 인생

나물 장만해 샘밭장 내다 팔던 순자 아지매
한 달 넘게 곡기 끊고 있다가
장롱 깊숙이 숨겨둔 나물 판 돈 꺼내놓듯
몸속에 꼬깃꼬깃 접어둔 똥 한 무더기 내놓고
세상 등졌다

삶이라는 게
사철 눈발 날리는 난전에서
목숨처럼 연약한 촛불 한 자루

빈 고추장 깡통 안에 켜고 앉아
위아래 똥꼬 데우는 일이 전부였네

* 노점 상인들이 버리는 대형 고추장 또는 식용유 깡통 안에 초를 켜고 그 위에 앉아 추위를 피하는 방법.

봉의산 가는 길

낮술에 잠든 봉의산 신령
넓적다리뼈 훔쳐 주춧돌을 놓고 천년,
날아가는 봉황 날개에서 빠진 깃털로
기둥 세우고 천년,
보다 못한 석왕사 보살이
천도재 떡 들고 내려와 지붕 올렸다

늙은 시마 바둑돌 놓는 소리에
소양강 잉어 첨벙 뛰어오르고
심심하면 물안개가 삼켰다 토해놓는 집

번개시장 만신도 깃대 꺾고 갔다는
주인장이 건네는 곡차 한잔에
전생까지 다 털린 초저녁

그 앞에 느티나무처럼 주저앉아
한 오백 년 늙어버렸다

나는 어디로 가는 길이었을까

* 춘천 번개시장길 끄트머리 봉의산 올라가는 초입에 있는 카페.

반숙

국 끓이거나 나물 무칠 때면
늦둥이 불러 맛보게 하는데
순한 혀끝이라 정확하다

급하게 오전 햇살 까불러
시詩 한 편 안치고 나니
그 사이 학교 간 아이가 돌아왔다

갓 지은 따끈한 시詩를 퍼주고는
10점 만점에 몇 점이냐 물으니
레드카드 들어 올리는 심판처럼
망설임도 없이 1점이라 한다

그때까지 두 끼를 굶고 있었기에
무참하고 서운한 마음으로 라면 끓이는데

잠깐 전화 받고 오니

숨겨둔 동그라미 같은 달걀 한 알

몰래 떨어뜨려 놓았다

시가 마늘처럼 만만하리

화엄사 홍매화 소식도 없는데
어디서 이른 봄바람을 묻혔는지
옆지기가 며칠째 시라고 써서는
까똑새를 날린다

무응답으로 답했더니
저녁에 먹고 남은 꽁치찌개에
소주 한 병 놓고 불러 앉히는데

좋아요! 최고예요! 눌러주고
소나비 피해 갈 수도 있었지만
섣불리 고래를 춤추게 했다가는
시 폭탄 맞을 것 같아 단속했다

당신이 쓰는 시詩가 쓰레기라고 생각될 때
그때 써 보내라고

얼굴이 파래진 옆지기가
소주잔 털어 넣는 것 보고 슬그머니 일어났는데

여봉, 시는 그렇게 아픈 거야

불량 감자

봄에 감자 농사지어 밭떼기로 넘겼더니

같은 밭에 똑같은 거름 주고 물 주며
비 오면 썩을까
해 나면 마를까
속 태우며 키워도
그중에 잘난 놈은 서울로 올라가고
중간치는 춘천 시내로 나가고
잔챙이는 이삭 주워 가고
나머지 흠 있는 놈은 밭에 버리고 갔다

같은 배로 열 달을 품고 낳아 애면글면 키운 자식들
다들 도회지로 나가 번듯하게 사는데
혼자만 대학 문도 못 밟고 늙은 어미 곁에 남아
감자 농사짓는 둘째처럼 눈에 밟혀
서상댁은 그놈들을 이고 지고 와서는
물을 붓고 여름내 푹푹 삭혔다

입추 지나 바람결이 달라지면

썩은 내 진동하는 그것을
새끼들 똥 기저귀 빨 듯 손으로 주물러
명개처럼 보드라운 앙금을 걸러냈다

다시 몇 날을 물 갈아주며
이 동네 저 동네 품 팔며 살았던 지난 삶처럼
지독한 구린내를 우려낸 후
어느새 성큼 다가서 있는 가을볕에 말려
뽀득뽀득 눈 소리 나는 감자 가루가 되면

갈라진 손끝에 까맣게 풀물 든 손으로
아주까리콩을 넣고 감자떡 쪄서
못난 자식 자랑하듯 영감 제상에도 올리고
한 번씩 앞마당까지 내려오는 산그늘 바라보다
감자꽃처럼 복스럽던 시절 다 지나가고
쭈글렁방탱이 거죽만 남은 것처럼 헛헛해지면
금산댁을 불러 감자투생이를 만들어 먹기도 하는데
그러다 막걸리라도 한잔 들어가면
추석 때 다녀갔다고 아비 기일에도 안 내려온

큰아들을 감자떡처럼 씹기도 한다

감자나 사람이나 키워놓으면
부모 입에 떡 한 개라도 물려주는 건
제가 잘나서 혼자 큰 줄 아는 그 잘난 놈이 아니더라고

시인의 탄생

모 문예지가 머리는 올려주었지만
뿌려놓은 시어들 속에 벼와 가라지도
구분 못 하던 때라 함구하고 있었는데
내 우편물 들고 오던 아이 눈에
시인이라는 단어가 들어왔던 모양이다

엄마 시인님이셨어요?
엄마 언제부터 시인님 하셨어요?
엄마 태어날 때부터 시인님이셨어요?

3단 축하 화환 같은 얼굴로 뛰어 들어와서는
시인도 아니고
또박또박 시인님이라고 말하는 아이에게
시인님 맞다고 하기도
시인님 아니라고 하기도
참, 민망했던 그날

나는 슬그머니 시인님 하기로 했다

움파

물에 꽂아둔 파 뿌리에서
뽀득뽀득 새 가닥이 올라온다

아까워 우째 잘라 먹나 혼잣말하다가

밤송이 같은 수염 볼에 비비며
아까워 우째 시집 보내나 하시던
친정아부지 생각나 눈물 바람이 났다

열흘 맹물 먹여 키운 파 가닥도 애달픈데
만지면 세지려나 눈으로 보드랍게 키운

고명딸

사암리를 지나며

신작로 나면서
몸통 잘려 나간 자투리 밭에서
아침부터 팥죽땀 흘리며
파 씨 뿌리는 유 씨 어르신

드나드는 자식도 없이 혼자 입에
파를 먹으면 얼마나 먹는다고,
장에 나가 한 뿌리 사 드시라 하니

"누가 먹어도 먹겠지."

자동차정비소 담 밑에 버려진 의자에 부쳐

두 발로 지탱할 수 없는 세상
기름밥 먹으며 네 발로 버텼네
쌓이는 시간의 무게는 어쩌지 못해
혼자 삐걱거리며 앓았네

사장님의 헛기침에 놀라 한쪽 다리 부러졌네

하루아침 문밖으로 내쳐져
비바람 맞으며 생의 오역을 견뎠네

어느 달도 없는 그믐밤,
밥숟가락 놓듯 툭, 내려앉았네

귀 밝은 바람이 그 소리 주워듣고,
가로수 은행나무 흔들어 부고장을 날렸네
담쟁이넝쿨이 서둘러 건너와 수의를 지었네
한나절 볕에 까마중이 익어 제상을 차렸네

어디선가 날아든 메꽃이 가으내

부러져 없는 다리 주무르며 염불하네

가끔, 길고양이가 찾아들어 그 앞에 막돌을 포개고
제 설움에 울고 가기도 하네

장궤틀

신실한 마리아 자매 늘 빠지지 않는 기도가
베게 속에 통장 숨겨놓고 베고 누워
믿을 건 돈밖에 없다고 하는 돈벌레 영감님
하루빨리 주님 품으로 인도하는 것인데,
그 기도 층층이 구름 열고 하늘에 닿았는지
귀한 신부님 모시고 영감님 대세 받던 날
난청이 심한 영감님께 신부님이
오 신부입니다~ 오 신부! 하고 인사드리니
고개를 가로 흔들더란다
못 들었나 싶었는지 이번에는 귀에 대고
오 신부입니다~ 오 신부! 하니
갑자기 버럭 역정 내며 돌아누워
몇 년째 입에 단내가 나도록 쌓은 기도가
하늘 문턱에서 미끄러진 거라
다들 돌아간 후 영감님 달래 이유 물어보니
신부가 오십만 원 달라고 해서 그랬다나
이야기 끝나기 무섭게 입 빠른 세실리아 자매
천 신부였으면 어쩔 뻔했누 하니
모여 있던 자매들의 웃음소리가

성당 안에 묵주 알처럼 흩어지는데
엿듣고 있던 십자가 예수님만

내 탓이오! 내 탓이오! 내 탓이오!
가슴을 친다

나의 군인 아저씨

군인 아저씨에게
위문편지 쓰던 깻잎머리 소녀가
군인 아저씨를 낳았다

첫 휴가 받고,

바짝 민 머리에
시퍼런 칼날이 선 군복 밑으로
광나는 군화 신고 들어설 때는
온몸에 각이 실려 남의 아들 같더니
하룻밤 자고 나서야 내 아들인가 싶었는데
가고 난 방 꼬라지 보니 그노무시끼가 확실하다

사흘 만에 빠지는 것은
군기냐?
방귀냐?

밤눈

저녁 무렵 벌겋게 타오르는 서쪽 하늘 아궁이에
서 말 닷 되 떡시루를 씻어 엎어두고
종종걸음으로 대룡산 계곡에 쳇다리 걸쳐놓고
밤새도록 떡가루를 치고 계시다

마흔둘에 낳은 늦둥이 팔순 잔칫날

토끼집이 있던 자리

식구들 똥거름 먹고 자란
텃밭 배추 알이 차오르면
속이 노란 배추 한 포기 배를 갈라
저녁상에 올랐다

퍼다 놓은 양푼의 숭늉은 식어가고
말없이 배추쌈 먹는 식구들 입에서
초저녁 별들이 부서졌다

와삭
와삭와삭
와삭와삭와삭

배추 한 바가지 다 비울 때까지
그 소리가
두레상 위에 토끼똥처럼 쌓였다

4부

사그랑사그랑
쇠심줄처럼 씹히는 당신

명자꽃

화약지火藥紙 같은 가슴에
내 이름 한 줄 장난으로 긋고 싶네

단번에 불씨가 튀어 불구멍 나도
정신 못 차리고 싶네

세상에 없는 그대와 맞불을 지르고
세상 밖으로 유배당해도
이생을 후회하지 않겠네

꽃불보다 뜨겁고 봄보다 먼저 지는
심지 없는 사랑을 하겠네

질투심에 들불처럼 날뛰겠네

사랑보다 붉고 증오보다 깊은
불도장을 새기겠네

재가 되어 차갑게 돌아서겠네

일생을 다 태워도
당신 하나만 건지면 되겠네

순두부

주문하고 기다리는 사이 동석한 이가
시골 초등학교에 미술 수업 다녀온 여담을 풀었는데

아이들 틈에서 얼굴 생김이 다른
다문화 가정 아이가 눈에 띄어
무심히 물어보았단다

-아무개야 너는 누구랑 제일 친하니?
-우리 반은 다 친해요

때마침 음식이 나오고
희고 보드레한 그것을
호로록 호로록 불며 떠먹는데

뜨겁고 뭉클한 것이 목을 타고 내려갔다

눈 내린 소양정에 올라
— 남원에는 춘향이 춘천에는 전계심

내가 왕년에 일패 기생으로 소양정에서
희멀건 양반들 희롱하며 놀 적에
난을 치면 향기가 느랏재를 넘어가고
가야금을 뜯으면 팔작지붕에 학이 내려앉았지

춤사위는 또 어떻고,
맺고 풀고 어르다
잘잘 끌리는 치맛단 들어 올리면
버선코에 배추나비가 내려앉았지

천년 세월도 초저녁 풋잠이라
봉의산도 잇몸처럼 내려앉고
소양강은 늙은이 오줌발처럼 가늘어졌는데
다녀간다는 소문 풍물장에 돌았든가

어느 임이 새벽부터 일어나 추녀마루까지
하얗게 닦아놓았는지

누수

봄비 내리는 카페 창가 맞은 편
31가지 맛 아이스크림 가게

기억의 단추 누르는 빨간 풍선 장식
손등으로 흘러내리는 31가지 추억

아이스노티드 우유 생크림, 춘식이가 반할 수밖에, 초코넷 마카다미아, 투둠 초콜릿 프레셀, 라이언 망고 마카롱, 청포도 샤베트, 디노젤리, 시카고팝콘, 블랙슈가밤, 사랑에 빠진 딸기, 핑크스푼 비긴즈. 오레오 쿠키 앤 크림, 월넛, 오레오 쿠키 앤 카라멜, 블랙 소르베, 엄마는 외계인, 오레오 쿠키 앤 크림치즈, 아몬드 봉봉, 민트 초콜릿 칩, 슈팅스타, 초코나무 숲, 뉴욕치즈케이크, 파스타치오 아몬드, 베리베리 스트로베리, 바람과 함께 사라지다, 레인보우 샤베트, 자모카 아몬드 훠지, 초콜릿 무스, 괴상한 나라의 솜사탕, 초콜릿, 31요거트, 바닐라, 그린티, 체리쥬빌레…

입안 가득 차오르는 달콤한 이름

만년설처럼 녹지 않는 하얀 얼굴

너만 피지 않는 봄
때워지지 않는 구멍

삼월에 내리는 눈

마음에 품고 있었던 게지요
안주머니에 넣어둔 너덜너덜한 집 주소처럼

겨우내 방으로 들인 난 화분처럼 지내시더니
그날은 봄바람이 부축했는지 장 보러 따라와서는
고등어 한 토막 손질하던 사이 당신을 놓치고
벌렁거리는 가슴으로 시장을 헤매는데
천진하게 양품점 문 열고 나와서는
학교 가는 내 손 끌고 뒤란으로 가
천 원짜리 한 장 쥐여줬던 그 아침처럼
급하게 나를 데리고 가 보여준 옷
햇병아리 같은 노란 앙고라 스웨터
당신이 하도 보채서 입어보긴 했지만
반백이 되어 가당키나 했겠어요
하지만 명주실처럼 가늘게 붙들고 있는
당신의 집 화단에 내가
노란 봄 스웨터가 어울리는 딸로 피어 있어
그해 봄은 뿌리까지 노랗게 물들었답니다

애막골 언덕배기 넘어 춘천노인병원 가는 길에
개나리꽃이 시리게도 피었습니다

배춧국

장맛비에 두들겨 맞은 듯한 몸살 뒤끝
몸도 마음도 허기지는 저녁

어머니 찰젖 같은 쌀뜨물 받아 배춧국 끓였다

노랗게 익어가는 고갱이 보고 있자니
저무는 하루가 눈물겨운 것이
된장처럼 묵은 마음에 덩어리가
토장국 속에 풀어진다

홍역 꽃 떨어지던 날 흉터 자리 만지며
아이들은 아픈 뒤에 큰다고 하셨는데
무논에 피처럼 흰머리 번지는 나이

나는 아직 크고 있나 보다

은혼銀婚

어제저녁 설거지하며
냄비뚜껑 손잡이를 풀어 씻어뒀는데
아침에 밥하러 나가니
깔끔하게 조립해놓은 것이 아닌가

이러다 쌀자루도 옮겨놓겠네

장 씨 귀거래사

밑돌 빼서 윗돌 괴던 도시 생활 청산하고
고향으로 돌아온 장 씨
생전 아버지가 낚시 다녔던
저수지 근처 야산에 집 짓고 들어가서
봉안당 계신 아버지 모셔 와서는
저수지가 한눈에 보이는 자리에 수목장하고
아침저녁으로 담뱃불 당겨 올린다

마당에는 산에서 내려오는 뱀 잡아놓고
주인 기다리는 충직한 누렁이를 키우고
닭장에는 청계닭 키워 얻은 청란을
아침마다 호록호록 깨 먹는 재미가 쏠쏠하고
아래채에는 흥부네 초가 같은 황토방 만들어
그동안 살아내느라 골병든 몸
콩가루에 찰떡 굴리듯 이리저리 지지고
위채에는 얼기설기 정자 지어놓고 신선놀음하며
낮술에 취해 하루를 공 치고
어느 날은 폭우에 쓰러진 통나무를 지고 와
손톱이 빠지도록 후벼 파 스피커 만들어놓고는

비 오는 날이면 덜덜거리는 레코드판 걸어놓고
혼자 빗물에 젖어 떠내려간다

이마저도 심드렁해진 요즘은
저수지에 낚싯대 던져놓고
그 옛날 아버지처럼 늙어가고 있다

가끔 나무 밑에 낮잠 자던 아버지가 내려와
빈 망태기 흔들어보기도 하는데
운 좋은 날은 한자 반짜리 아버지가
비늘 털며 올라오기도 한다

능소화 피어나는 집

집까지 찾아와서는
내 이름 한 번 못 불러보고
밤새 벙긋거린 입만
담 밑에 떨구고 갔다

어느 생쯤이었을까?

떠날 준비 마친 여인네처럼
여름 소낙비에 말끔히 세수한
능소화 한 송이 꺾어
새벽밥 먹고 떠나는 봇짐에
내 소식 전하고 싶은 사람

마음은 늘 담 너머 꽃을 피우네

발인發靷

배가 다른 동리할배와 샛골할배

자라면서 서로에게 옹이 박힌 것 많았던지
두부 반 모만 한 읍내 살면서도
남처럼 지냈는데

동리할배 풍 맞아
반년째 구들장 지고 누워 있어도
코빼기도 비치지 않던 샛골할배
코로나로 허망하게 세상 뜨던 날

그 부고 전하지도 않았는데
지난밤에 형님이 다녀가셨다고
모처럼 동리할배 얼굴빛이 환하다

인간 人間 human
: 죽은 뒤에 꽃 피우는 여러해살이 식물

저승길이 샛골할배네 무밭처럼 푸르다

땅콩심경心經

마른 땅콩을 까네

손가락에 물집 잡히는 고행 속에
술잔처럼 나를 비우고
정신을 온전히 땅콩 쪽으로 쏟으니
내가 땅콩인지 땅콩이 나인지
어느새 땅콩은 없고
껍데기와 알맹이만 업보처럼 쌓였네

나는 껍데기일까? 알맹이일까?

껍데기에 갇혀
알맹이를 파먹는 바구미네

이번 생은 망한 것인가?

아니라 하네 아니라 하네

껍데기도 알맹이도 다 털어버리고

자꾸 어디론가 떠나라 하네

나도 없고 너도 없고
땅콩도 없는 그곳으로 건너가라 하네

마늘밭 끝에 늙은 벚나무 한 그루

"작년보다 더 고우세요"
"빨리 죽어야 하는데 죽지도 않으이"

지나가는 봄바람에 뭉실뭉실한 흰머리 매만지며

하
  르
    르

하
  르
    르

웃으신다

푼주

어지럼증 생겨 읍내 의원 갔다가
잘 먹으라는 의사 말에
칠십 평생 처음 당신 몫으로
닭 한 마리 푹 삶아 먹고 나니
눈앞 환해지더라

저녁쌀 안칠 무렵 전화 왔다

오랜만에 소갈비찜 상에 올리니 국물만 남아
거기에 무 넣고 조려 밥 한술 뜨며
고기보다 낫다 하니
접시에 쌓인 홀러덩 벗겨진 갈비뼈들이
그 맛이 진땡이라 하는데

사그랑사그랑 쇠심줄처럼 씹히는 당신

발문

저수지가 깊으면 몽리면적 또한 넓어지리라

박제영

시인, 문장수선공

『시집과 떡볶이』는 2014년에 등단한 장은숙 시인의 두 번째 시집이다. 등단 후 5년 만에 첫 시집 『그 여자네 국숫집』을 냈고, 첫 시집 이후 6년 만에 두 번째 시집을 내는 것이다. 일반적으로 시인들이 시집 한 권 내는 데 대략 2~3년 걸리는 것과 비교하면 그 주기가 길다. 본인은 자신의 천성이 게으른 탓이라 하겠지만, 장은숙 시인을 오랫동안 지켜본 필자로서는 게으른 것이 아니라 시집 한 채를 짓기 위해 진심진력을 다한 결과임을 알고 있다.

장은숙은 그런 시인이다. 자신의 시를 쓰는 데 있어 주변의 평가에 연연하거나 시류에 따라 좌고우면하지 않는다. 그러나 자신만의 시를 밀고 나가는 데 있어서는 진심과 진력을 다한다. 이러한 시적 태도는 첫 시집에 이어 이번 시집에도 고스란히 반영되어 있다. 삶과 시가 이율배반하지 않는, 나를 포함하여 시인이라면 누구나 원하지만 어느 누구도 실현하기 힘든, 좀처럼 보기 드문 경우다. 노혜경 시인의 산문집 중에 '천천히 또박또박 그러나 악랄하게'라는 도발적인 제목의 산문집이 있다. 느닷없이 노혜경의 산문집을 떠올린 까닭은 물론 순전히 제목 때문이다.

'천천히 또박또박 그러나 악랄하게'라는 제목에 장은숙의 시적 태도가 잘 담겨 있다는 생각이다. 오해하지 마시라. 여기서 '악랄하게'는 부정적인 의미로 쓰인 게 아니니까. 최보기 북칼럼리스트의 말을 빌리자면, 오히려 '집요하게, 끈질기게, 악착같이'라는 뜻을 내포한다. 다시 말하면 장은숙 시인은 줄곧 '천천히 또박또박 그러나 집요하게 끈질기게 악착같이' 자신의 시를 밀고 나간다는 얘기다.

산 만큼 딱 그만큼만 쓰는 것이니 나는 나를 사숙한다

나는 나에 대해 쓴다. 나는 스스로의 삶을 따라서 쓰고, 다른 글쓰기는 모른다.
— 유디트 헤르만, 『말해지지 않은 것들에 대한 에세이』

장은숙 시인의 첫 시집 『그 여자네 국숫집』(북인, 2019)에 보면 「詩」라는 시가 있다. 장은숙 시인이 시를 어찌 대접하는지가 고스란히 들어 있는 작품이다.

"다 읽어 봐도// 하늘이고/ 땅이고/ 바람이고/ 꽃이고// 사람이더라// 입에 밥 들어가는 거더라// 낯설기?// 인생 한번 낯설어볼래// 비틀기?// 인생 한번 비틀어줘// 사는 것 별 것 없더라// 인생 어렵게 쓰지 말자!"(「詩」전문)

시가 사람살이를 뛰어넘을 수 없다는 것, 그러니 언제나 사람/삶을 쓸 것이고, 산 만큼/경험한 만큼 쓰겠다는 시인의 결연한 의지!가 선명히 드러난다. 그리고 이러한 의지는 이번 시집에서도 이어진다. 일종의 메타시 Metapoetry로 봐도 좋을 몇 편의 시를 보자.

서리태 심던 봄에 초고 잡은 시
여름내 굴리며 다녔다

콩 베는 가을에 묶어
물기 마르게 밀쳐두었다

도둑눈 내리는 겨울밤

다시 펼쳐놓고
여물지 않은 문장 골라내느라
콩알처럼 말라간다

시 바가지 마당에 쏟아버리고

어느 봄날 마루에 엎드려
군대 간 막내아들에게 보내는
무실댁 할머니 편지 받아쓴 것처럼
바람이 세상 오가며 설렁설렁 불러주는 대로
받아적기로 한다

받침 하나 빼먹고 가는 길에
빗물이 지운 글자도
그 삼촌은 다 알아듣고

할머니네 화단에 목단 같은
눈물꽃 핀 답장 보내왔다
—「대필」 전문

이 시를 읽으며 '사숙私淑'이라는 단어를 떠올린다. 국어사전에서는 "직접 가르침을 받지는 않았으나 마음속으로 그 사람을 본받아서 도나 학문을 닦음"이라고 설명한다. 실은 『맹자』〈이루편離婁篇〉에 나오는 "사숙제인私淑諸

人"에서 비롯한 단어이다. "군자지택오세이참, 소인지택오세이참, 여미득위공자도야, 여사숙제인야君子之澤五世而斬, 小人之澤五世而斬. 予未得爲孔子徒也, 予私淑諸人也. 군자의 유풍은 다섯 세대가 지나면 끊기고, 소인의 유풍도 다섯 세대가 지나면 끊긴다. 나는 공자의 직접적인 제자가 되지 못했으나 스스로 사사로이 그분의 가르침을 본받아 배웠다." 그러니까 지금 장은숙 시인은 시류에 흔들리지 말자고, 주변의 평가를 의식하지 말자고, 흐트러진 자신을 다시 한번 다잡고 있는 것이다. 그러고는 "바람이 세상 오가며 설렁설렁 불러주는 대로/ 받아적"겠다고. 오직 저 바람 같은 사람들의 목소리에 귀를 기울이고 그들을 사숙하겠노라고. 오직 그런 나를 사숙하겠노라고. 이런 다짐과 의지는 다음 시에서도 이어진다.

모 청소년 백일장 심사 볼 때다
대상을 두고 심사자들끼리 서로 날 세우는데
답 없는 삶처럼 답 없는 시詩
그 와중에 나는 다른 생각을 하고 있었다

그날의 시제 중 하나였던 기술이라는 제목으로
"나는 나를 두들기는 대장장이"
라고 첫 줄을 일갈하고
문장은 덜 영글었지만

자신을 정련해가는 이야기를 쓴 아이가
눈에 띄지 못하는 것이 안타까웠다

늦게나마 그 아이를
무명의 내 시詩에 불러내는 것은
K 선생님이 내 일기장에 써놓은 한 줄,
그 붉은 주문의 힘을 믿기 때문이다

부디, 시詩 때문에 아프지 말고
시詩 안에 시인詩人 안에 시집詩集 안에 갇히지 말며
행과 행 사이 연과 연 사이에 생의 고랑을 파는
시詩를 살아가는 사람이 되었으면 한다

첫 줄에 좋은 시인이 될 자질을 내가 믿은 것처럼
산책길 팥배나무 잎에 초고 잡은 이 시詩를
어느 오지랖 넓은 새가 물어다
그 아이 창문 앞에서 명랑하게 읽어줄 것도 믿는다
— 「늦게 쓰는 심사평」 전문

"답 없는 삶처럼 답 없는 (것이) 시詩"다. 무릇 시인은 "시詩 안에 시인詩人 안에 시집詩集 안에 갇히지 말며/ 행과 행 사이 연과 연 사이에 생의 고랑을 파는/ 시詩를 살아가는 사람"이라야 한다. 이 두 문장에 장은숙 시인의 시론, 시인론-삶의 철학이기도 한-이 오롯이 담겨 있다. 삶에

정답이 없듯 시에도 정답은 없다는 것, 시라는 허울과 시인이라는 허명虛名에 갇히지 않고 시를 살겠다는 의지가 결연하다. 이는 곧 '시를 산다는 것'은 '산 만큼 시를 쓴다'는 것과 통한다.

첫 시집 내고 큰놈에게 사인해주며
사후 이 시집의 저작권을 남긴다고
장난스럽게 써주었는데
그것을 본 작은놈이 무명의 시집을 두고
몽니를 부리는 바람에
형제의 난이 일어날 뻔했다

수습의 방법으로 두 놈이 좋아하는
엄마표 떡볶이 양념의 황금비율과
금방 만들어도 양념이 흐르지 않고
떡에 착착 감기는 비법은
작은놈에게 남기기로 했다

둘 다 돈이 될 것 같지는 않지만
그런 날이 오면

떡볶이처럼 매운 세상살이에 눈물 콧물 쏟다가
조갯살에 박힌 모래알처럼 열 달을 내 속에서
피와 살로 퇴고하여 낳은 시詩가

저희 두 놈이라는 것쯤은 읽어내겠지
―「시집과 떡볶이」 전문

시집의 표제시이기도 한 「시집과 떡볶이」 또한 일종의 자기 선언이고 자기 다짐이다. 장은숙 시인에게 시집과 떡볶이는 서로 다르지 않다. 누군가에게는 '이 무슨 소린가' 싶겠다. "피와 살로 퇴고하여 낳은 시詩가/ 저희 두 놈이라는 것쯤은 읽어내겠지"라는 문장은 표면으로야 두 자식에게 던지는 말이겠지만, 실은 자기 다짐이며 또한 독자에게 던지는 말이기도 하다.

거듭 말하지만 장은숙 시인의 시 쓰기는 유위有爲보다는 무위無爲에 가깝고, 시종始終 자연의 순리로서 모성을 담아낸다. 그리하여 결국 마침내 사람살이-살림의 시를 쓴다. 그러니 "당신이 쓰는 시詩가 쓰레기라고 생각될 때" 그 자리가 바로 시의 자리라는 말, "시는 그렇게 아플 거야"(「시가 마늘처럼 만만하리」)라는 말은 결코 웃자고 하는 얘기가 아니다.

내 시는 작디작은 종이배이나 흘러서 바다로 가리라

나의 시를 그냥 '힘 없는 시'라고 부른다. 그런데 힘이 없어 힘이 있다. 시는 여하튼 종이배이다. 종이배엔 너무 많은 것을 실어서는 안 된다. 최소가 최대인 만선(滿船)이다.
— 김영승, 「통나무와 폭격기」

  장은숙의 시집 전편을 흐르는 기조는 '작고 힘없음'이다. 휘황한 기교와 포즈를 버리고 삿된 수사rhetoric를 버렸으니, 배운 체 잘난 체를 버렸으니, 당연히 작고 힘이 없을 수밖에 없다. 그런데 그래서 단단하고 그래서 삶을 통찰하는 힘이 있다. 그의 시들은 대개 일상의 평범한 어느 한순간을 포착하여 그 짧은 순간을 작은 그릇에 담아내는 것인데, 그 안에 담긴 뜻이 작지 않고 그 힘이 작지 않다.

운다고 밖으로 흐르고
웃는다고 봄날 송홧가루처럼 날리겠는가

눈물로 씻고
웃음으로 닦으며

볕 좋은 날 장독 뚜껑 열어놓듯
빗장뼈 열어 젖은 마음 말리고
세월을 걷어내면

장꽃처럼 하얗게 꽃 피는 날 지나
짜디짠 눈물에 단맛 돌면

말간 간장독에 달과 함께
내 얼굴 한번 비춰보고

장 가르듯 삶과 죽음 나누며
빈 항아리처럼 고요해지리
—「장 담그는 날」 전문

    인생은 희극보다는 비극에 가깝다느니, 오늘 내가 죽어도 세상은 바뀌지 않지만 내가 살아 있는 한 세상은 바뀐다느니, 마음먹기에 따라 인생이 달라진다느니, 인생은 한 권의 책과 같다느니 하는 말들은 듣기에 그럴듯하지만 기실 얼마나 허무맹랑한 말인가. 누구도 한 사람의 삶을 한 문장으로 요약하거나 통칠 수는 없다. 그런 생각을 하면서도 장은숙의 어떤 시편들은 자꾸만 눈에 밟힌다. 가령 「장 담그는 날」이 그렇다. 우리의 한생이란 게 "장꽃처럼 하얗게 꽃 피는 날 지나/ 짜디짠 눈물에 단맛 돌면// 말간 간장독에 달과 함께/ 내 얼굴 한번 비춰보고// 장 가르듯 삶과 죽음 나누며/ 빈 항아리처럼 고요해"지는 것 아니겠는가, 자꾸만 삶을 돌아보게 하는 거다. 다음의 시 「망종亡種」도 그렇다.

컵에 밥주걱이 끼여 빠지지 않았다
세제 발라 어르고 달래도
꽉 다문 힘 풀지 않았다
컵을 깨고 주걱이라도 살릴까 하다가
선물한 이의 마음이 걸려
해 넘기고 있었는데

느닷없는 그이의 부고 받고
상가에 다녀온 날
저녁 설거지하며
밥주걱을 건드려보니
맥없이 빠지는 것이 아닌가

한 사람 세상 들고 난 자리 그런 것인지
이 악물며 살다 떠난 자리 헐거워졌다
―「망종亡種」 전문

'회자정리 거자필반 생자필멸會者定離 去者必返 生者必滅'이라 '만남이 있으면 헤어지게 마련이고 떠난 사람은 반드시 돌아올 것이고 태어난 것은 반드시 죽는다'고 일찍이 부처께서 말씀하셨다는데 확실치는 않다. 다만, "한 사람 세상 들고 난 자리 그런 것인지/ 이 악물며 살다 떠난 자리 헐거워졌다"는 문장은 확실하게 가슴을 치게 만드는 힘이 있다. 작은 종이배에도 얼마든지 사람의 마음을 뒤흔드는 미사일을 장착할 수 있다는 것을 보여준다.

　배내똥 한 무더기로
세상에 영역 표시해놓고
저잣거리로 나가 똥지게 지고
똥줄 타게 뛰어다녀도
누런 황금똥 한 무더기 못 싸고
일생 헛방귀만 꿔다가
하늘을 향해 팔뚝질하듯
이승똥 한 무더기 싸지르면
막 내리는 인생

나물 장만해 샘밭장 내다 팔던 순자 아지매
한 달 넘게 곡기 끊고 있다가
장롱 깊숙이 숨겨둔 나물 판 돈 꺼내놓듯
몸속에 꼬깃꼬깃 접어둔 똥 한 무더기 내놓고
세상 등졌다

삶이라는 게
사철 눈발 날리는 난전에서
목숨처럼 연약한 촛불 한 자루

빈 고추장 깡통 안에 켜고 앉아
위아래 똥꼬 데우는 일이 전부였네
―「똥꼬난로」 전문

    노점 상인들이 다 쓰고 버린 대형 고추장 또는 식용유 깡통 안에 초를 켜고 그 위에 앉아 추위를 피하는 모습을 보고 '똥꼬난로'라 하는 모양인데, 장은숙 시인은 그 모습에서 또 이렇게 한생을 읽어내는 것이다. "삶이라는 게/ 사철 눈발 날리는 난전에서/ 목숨처럼 연약한 촛불 한 자루/ 빈 고추장 깡통 안에 켜고 앉아/ 위아래 똥꼬 데우는 일이 전부였네".

  저수지가 깊으면 몽리면적 또한 넓어지리라

    2012년 김충규 형이 마흔일곱의 나이에 갑작스럽게 세상을 떠났을 때, 그를 기리며 이런 시를 쓴 적이 있다.

    "살아서 그는 곡비哭婢였네// 내 울음에 기댄 누가 있어/ 마르고 가문 영혼의 황무지에/ 겨자씨 같은 눈물 하나 맺힐 수만 있다면/ 마침내 검푸른 저수지가 될 때까지/ 당신들을 대신해서 내가 운다던// 세상의 곡비였던//

그가/ 마침내/ 세상의 저수지가 되었네"(졸시, 「시인 김충규」 전문)

 장은숙 시인의 시집을 통독하며 여러 생각이 들었지만 유독 곡비라는 단어가 웅얼거린다. 세상에 곡비 아닌 시인이 어디 있을까마는, 장은숙 시인 또한 타자의 울음을 대신 울어주는 곡비哭婢였구나. 시집 속에 시인의 울음이 가득하다. 미소가 머금어지는 명랑한 시편들-「상금리 느티나무 확성기」, 「봄날에 미친년」, 「장궤틀」, 「옥기 여사」-조차 가만히 들여다보면 시인의 울음哭으로 가득하다. 그야말로 울음 저수지라 해도 좋을, 아니 울음 저수지라 해야 마땅할 시집이다. 그러니 독자들이여 기꺼이 장은숙의 시집에 동참하시라. 그만큼 삶의 몽리면적이 넓어지리라.

 끝으로 한마디만 더 보태자. 이번 시집에서 다른 시들에 비해 긴 시가 여럿 있다. 「서우瑞雨」, 「밤꽃」, 「불량 감자」, 「옥기 여사」, 「장 씨 귀거래사」가 그것인데, 다섯 편 모두 서사敍事와 사설辭說이 뼈대를 이루고 있다는 공통점을 지녔다. 장은숙 시인이 향후 이런 뼈대를 바탕으로 한 권의 시집을 짓는다면 이번 시집과는 조금 결이 다른, 어쩌면 훨씬 더 힘이 센 시집이 되지 않을까, 조심스럽게 말을 보탠다. 🌀

달아실시선 104

시집과 떡볶이

1판 1쇄 발행	2025년 11월 26일
지은이	장은숙
발행인	윤미소
발행처	(주)달아실출판사
책임편집	박제영
디자인	전부다
법률자문	김용진, 이종진
기획위원	박정대, 이홍섭, 전윤호
편집위원	김선순, 이나래
주소	강원도 춘천시 춘천로 257, 2층
전화	033-241-7661
팩스	033-241-7662
이메일	dalasilmoongo@naver.com
출판등록	2016년 12월 30일 제494호

ⓒ 장은숙, 2025
ISBN 979-11-7207-081-6 03810

이 책의 일부 또는 전부를 재사용하려면 반드시 저작권자와 (주)달아실출판사 양측의 동의를 얻어야 합니다.

• 잘못된 책은 구입한 곳에서 바꿔드립니다.
• 책값은 뒤표지에 표시되어 있습니다.
• 이 책은 **강원특별지치도**, 강원문화재단으로부터 제작비 일부를 지원받았습니다.